MAESTRO

DOUGLAS BENDER
Traducción de Pablo de la Vega

La gente que conozco

Apoyos de la escuela a los hogares para cuidadores y maestros

Este libro ayuda a los niños en su desarrollo al permitirles practicar la lectura. Abajo están algunas preguntas guía para ayudar al lector a fortalecer sus habilidades de comprensión. En rojo hay algunas opciones de respuesta.

Antes de leer:

- ¿De qué pienso que trata este libro?
    - *Este libro es sobre los maestros.*
    - *Este libro es sobre lo que hacen los maestros en su trabajo.*
- ¿Qué quiero aprender sobre este tema?
    - *Quiero aprender dónde trabaja un maestro.*
    - *Quiero aprender qué hace un maestro.*

Durante la lectura:

- Me pregunto por qué...
    - *Me pregunto por qué algunas personas deciden trabajar como maestros.*
    - *Me pregunto por qué los maestros usan pizarrones.*
- ¿Qué he aprendido hasta ahora?
    - *Aprendí que algunos maestros trabajan en aulas.*
    - *Aprendí que los maestros ayudan a la gente a aprender.*

Después de leer:

- ¿Qué detalles aprendí de este tema?
    - *Aprendí que los maestros enseñan muchas materias.*
    - *Aprendí que no todos los maestros enseñan en aulas.*
- Lee el libro una vez más y busca las palabras del vocabulario.
    - *Veo la palabra **aula** en la página 6 y la palabra **pizarrón** en la página 8. Las demás palabras del vocabulario están en la página 14.*

Él es un **maestro**.

Un maestro
ayuda a la gente.

Este maestro está en un **aula**.

abcdefgh

Los maestros escriben en un **pizarrón**.

1 2 3 4 5 6 7 8 9 10

Los maestros se sientan en un **escritorio**.

¿Conoces a algún maestro?

Lista de palabras

Palabras de uso común

a
algún
él
en
es
este
gente
la
los
un

Palabras para conocer

aula

escritorio

maestro

pizarrón

33 palabras

Él es un **maestro**.

Un maestro ayuda a la gente.

Este maestro está en un **aula**.

Los maestros escriben en un **pizarrón**.

Los maestros se sientan en un **escritorio**.

¿Conoces a algún maestro?

Written by: Douglas Bender
Designed by: Rhea Wallace
Series Development: James Earley
Proofreader: Ellen Rodger
Educational Consultant:
Christina Lemke M.Ed.
Translation to Spanish:
Pablo de la Vega
Spanish-language layout and
proofread: Base Tres
Print and production coordinator:
Katherine Berti

La gente que conozco

MAESTRO

Photographs:
Shutterstock: ESB Professional: cover; michaeljung: p. 1, 3, 14; wavebreakmedia: p.5; Monkey Business Images: p. 7, 13, 14; Evgeniy Kalinovskiy: p.9, 14; Szasz-Fabian Illka Erikca: p. 10-11, 14

Library and Archives Canada Cataloguing in Publication
Title: Maestro / Douglas Bender.
Other titles: Teacher. Spanish
Names: Bender, Douglas, 1992- author. | Vega, Pablo de la, translator.
Description: Series statement: La gente que conozco | Translation of: Teacher. | Translation to Spanish: Pablo de la Vega. | "Un libro de las raíces de Crabtree". | Text in Spanish.
Identifiers: Canadiana (print) 20210210192 |
Canadiana (ebook) 20210210206 |
ISBN 9781427141460 (hardcover) |
ISBN 9781427141521 (softcover) |
ISBN 9781427141347 (HTML) |
ISBN 9781427141408 (EPUB) |
ISBN 9781427141583 (read-along ebook)
Subjects: LCSH: Teachers—Juvenile literature.
Classification: LCC LB1775 .B4618 2022 | DDC j371.1—dc23

Library of Congress Cataloging-in-Publication Data
Names: Bender, Douglas, 1992- author. | Vega, Pablo de la, translator.
Title: Maestro / Douglas Bender ; translated by Pablo de la Vega.
Other titles: Teacher. English.
Description: New York, N.Y. : Crabtree Publishing, 2022. | Series: La gente que conozco | "Un libro de las raíces de Crabtree"--Cover.
Identifiers: LCCN 2021020345 |
ISBN 9781427141460 (hardcover) |
ISBN 9781427141521 (paperback) |
ISBN 9781427141347 (ebook) |
ISBN 9781427141408 (epub) |
ISBN 9781427141583
Subjects: LCSH: Teachers--Juvenile literature.
Classification: LCC LB1775 .B43618 2022 | DDC 371.1--dc23
LC record available at https://lccn.loc.gov/2021020345

Crabtree Publishing Company

www.crabtreebooks.com 1-800-387-7650

Printed in the U.S.A./062021/CG20210401

Published in the United States
Crabtree Publishing
347 Fifth Avenue, Suite 1402-145
New York, NY, 10016

Published in Canada
Crabtree Publishing
616 Welland Ave.
St. Catharines, Ontario L2M 5V6